Climbing

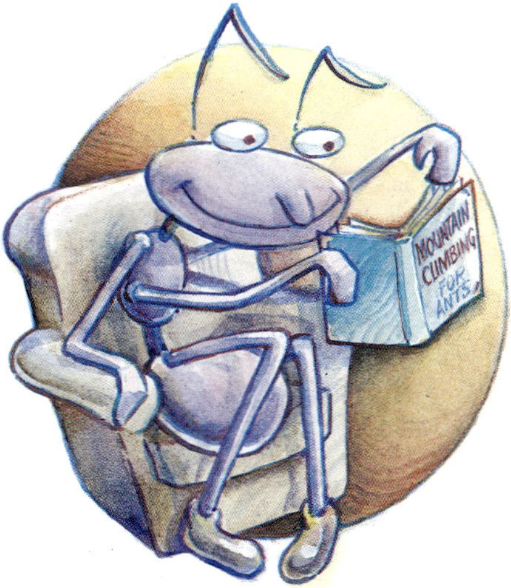

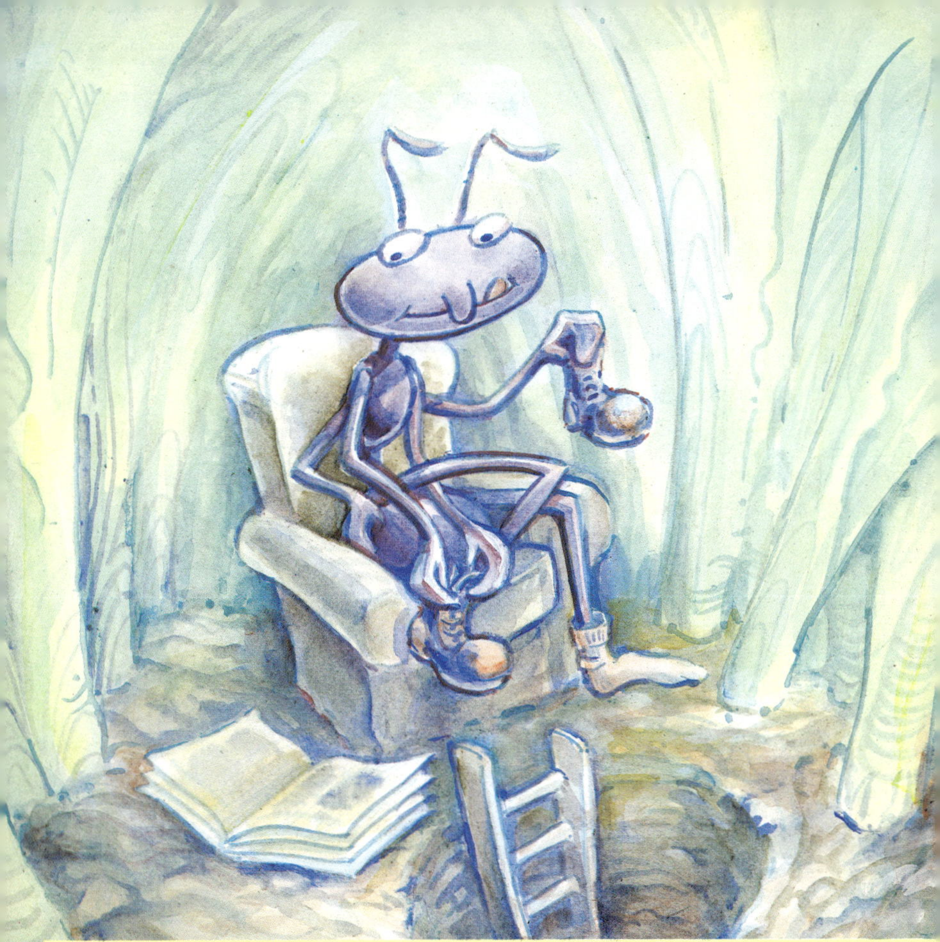

When I go climbing ...

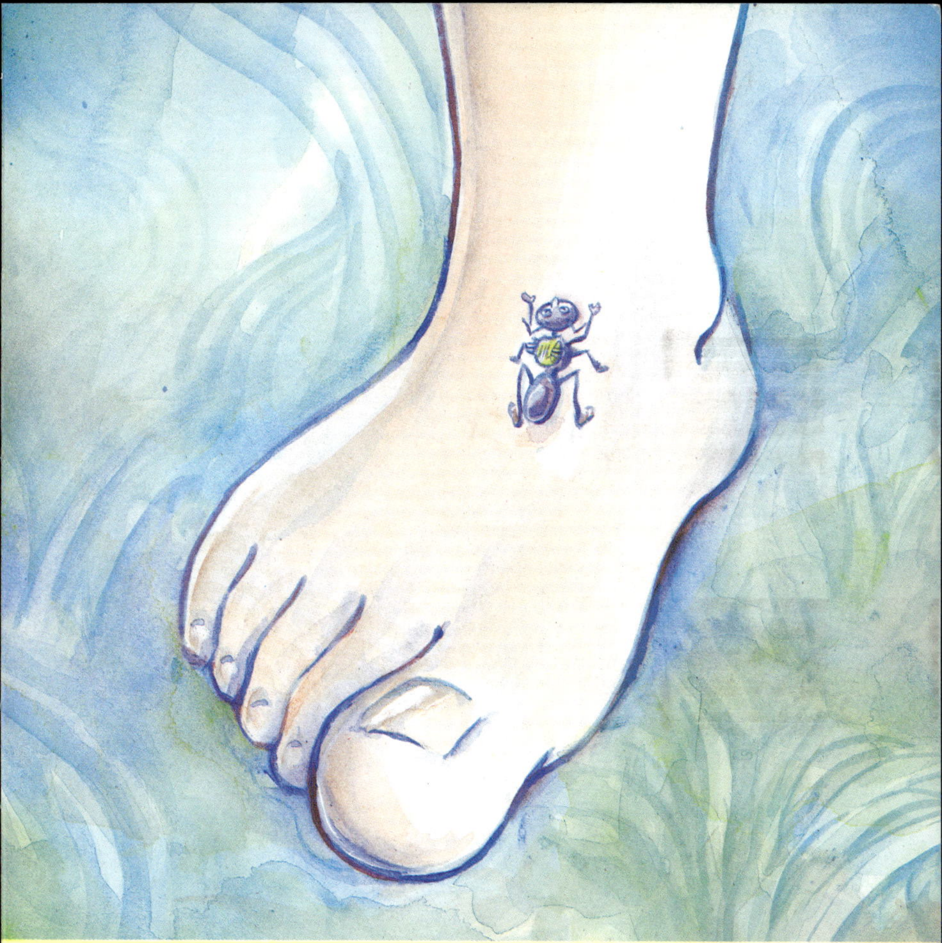

I climb up a foot.

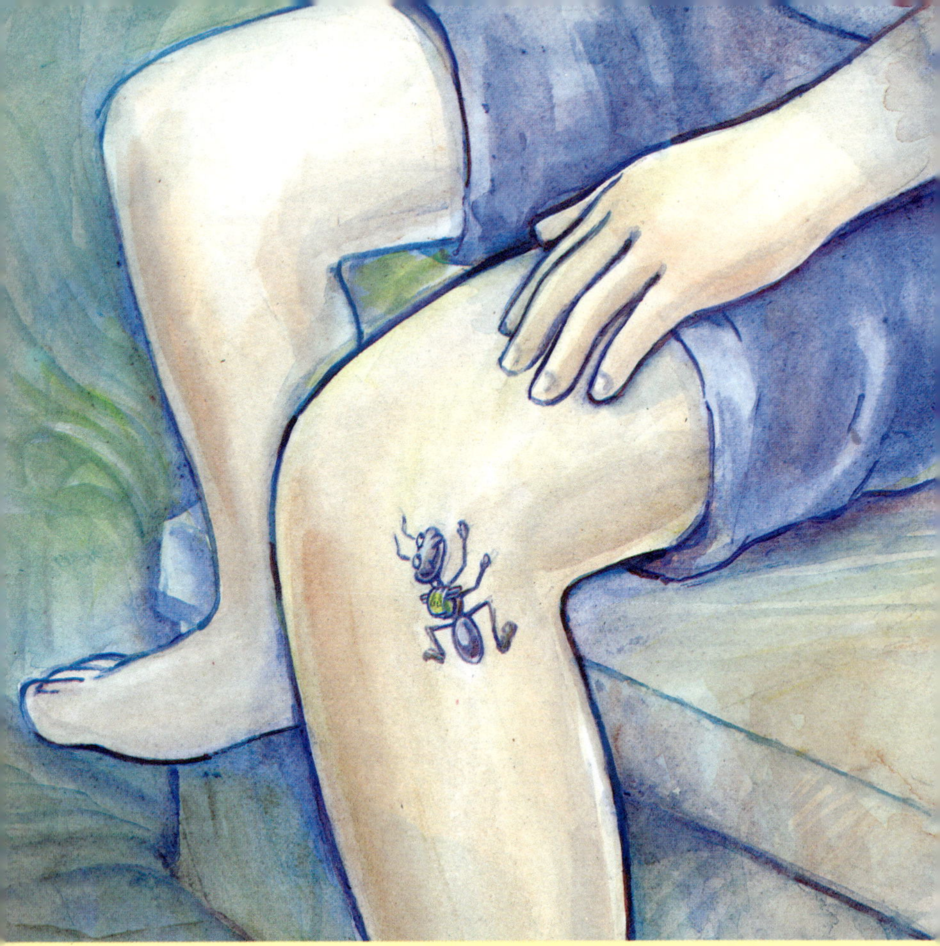

I climb up a knee.

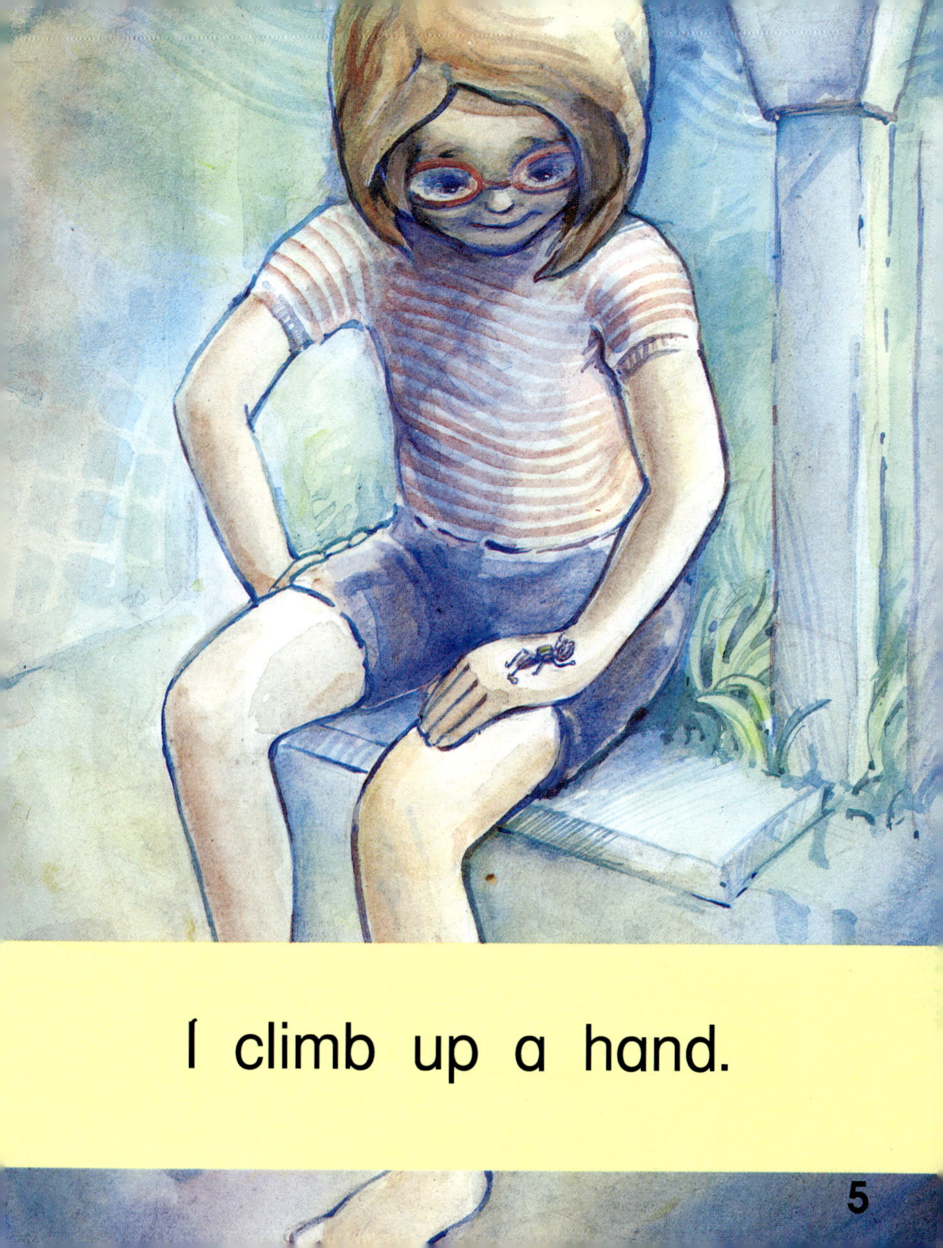

I climb up a hand.

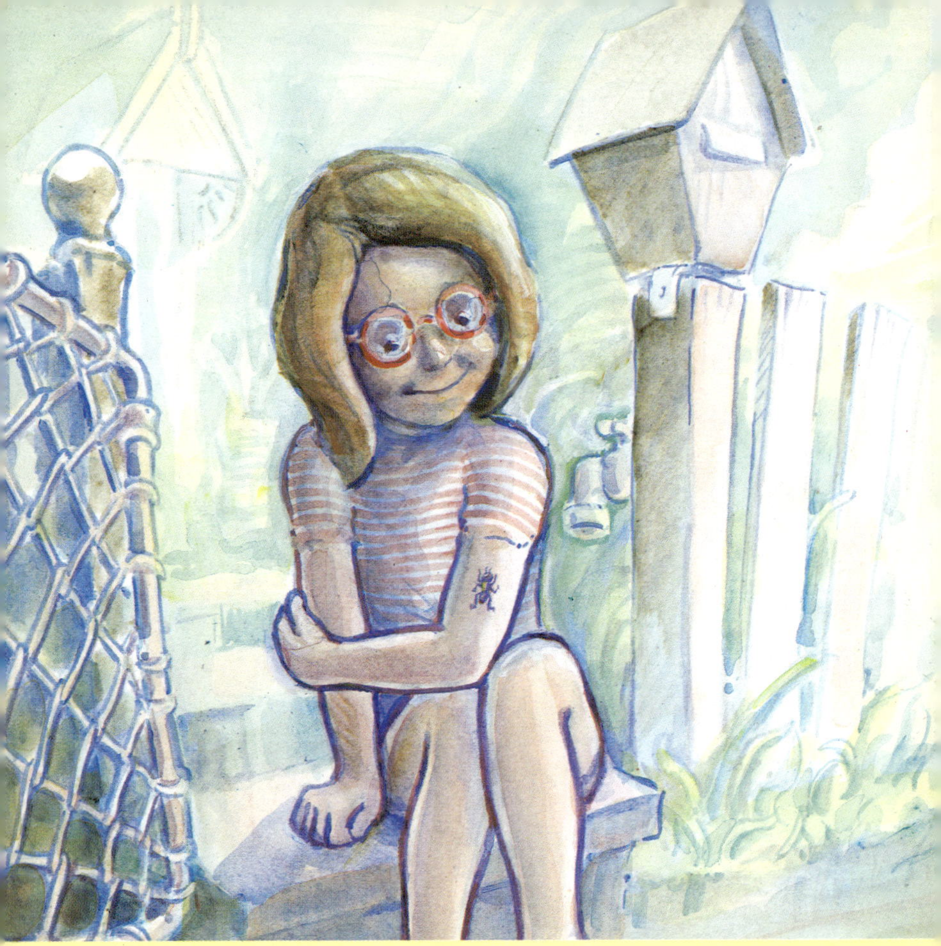

I climb up an arm.

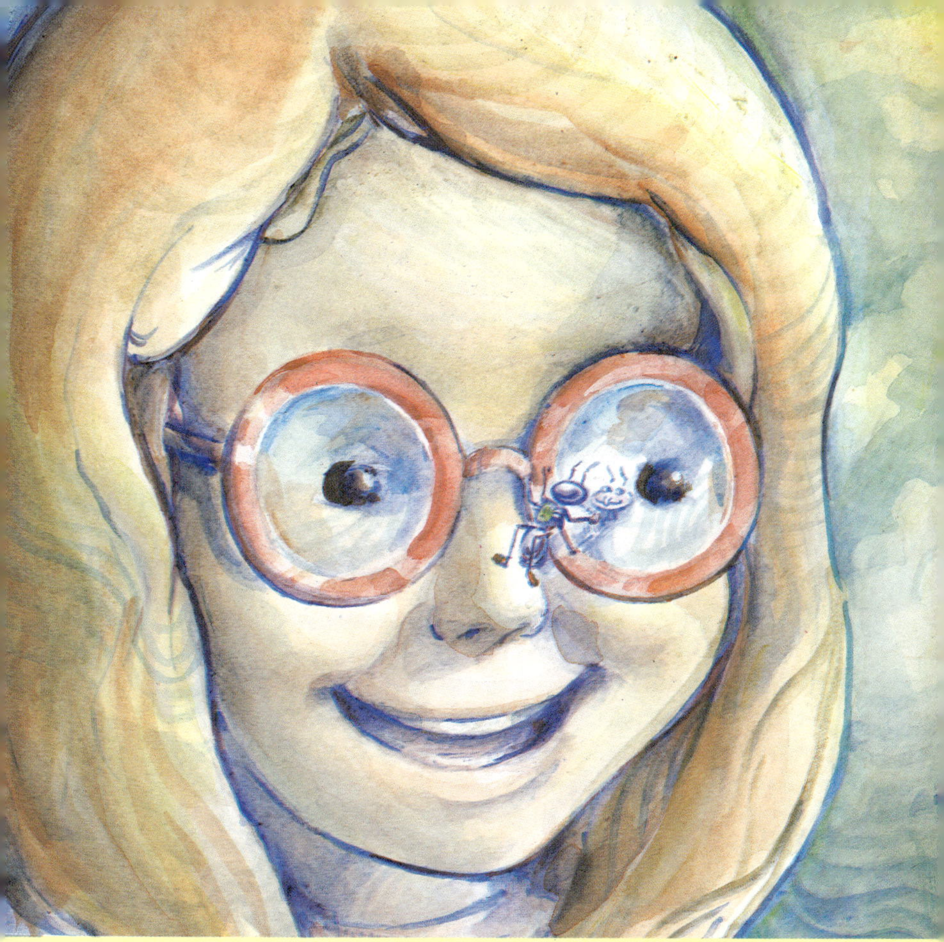

I climb up up up. . .

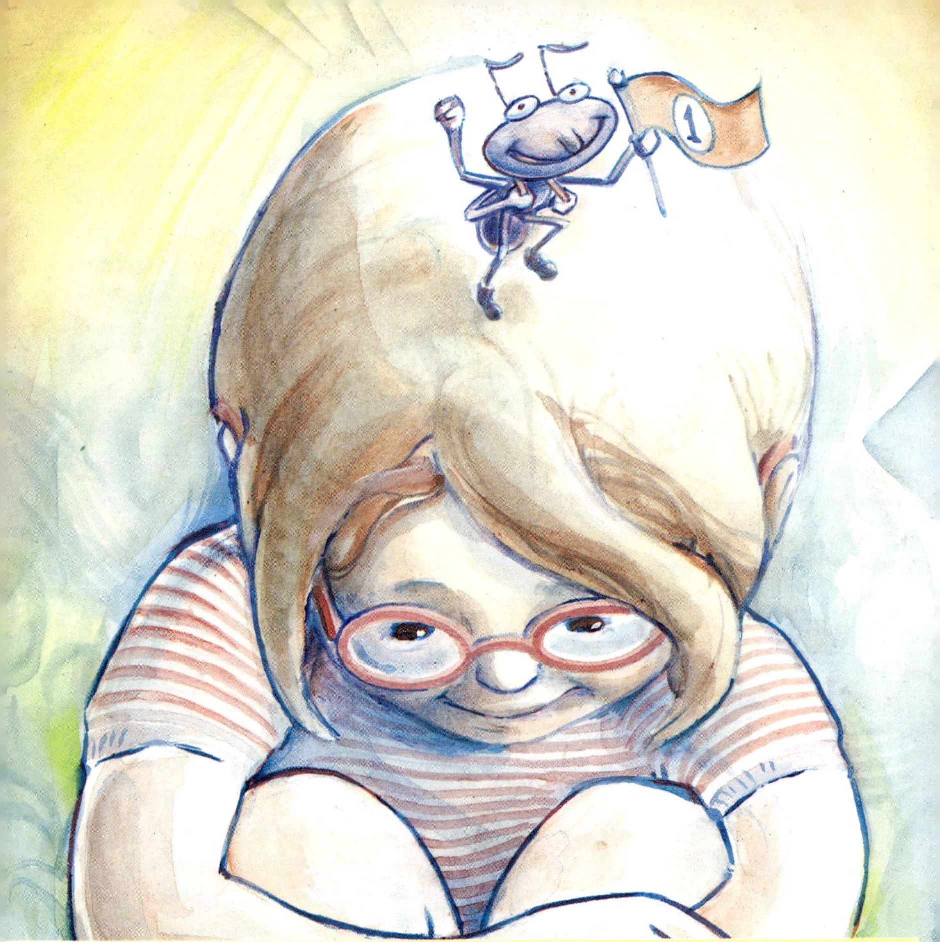

until I reach the top!